Noureddine Mhakkak

Le Jardin des Passions

Noureddine Mhakkak

Le Jardin des Passions

Livre poétique

Éditions Muse

Cover image: www.ingimage.com

Publisher:
Éditions Muse
is a trademark of
Dodo Books Indian Ocean Ltd. and OmniScriptum S.R.L publishing group

120 High Road, East Finchley, London, N2 9ED, United Kingdom
Str. Armeneasca 28/1, office 1, Chisinau MD-2012, Republic of Moldova, Europe
Printed at: see last page
ISBN: 978-620-4-97094-3

Noureddine Mhakkak

Le jardin des passions

Livre poétique

Avant-propos

« Nous ne devrions pas être interceptables devant la clarté
et l'ombre de nos mots vivifiants »

René Char
(Chants de la Balandrane)

Le chant d'Orphée

Même, si tout le monde
Veut que je sois la mer
Pour qu'il puisse embrasser
Mes vagues
Je ne serai qu'un simple
Oiseau, qui dort
Entre tes mains
Pour que la vie se change
La lionne enfantera le canard
Le coq aime la chatte

Et la fleur habite
Dans le cœur du renard
Tandis que l'eau
Joue avec les feux
Et tes yeux bleus
Regardent la neige
Pour qu'Orphée
Puisse chanter dans la fête
De mon mariage
Tout simplement ….

Le jeu du rossignol

Ô, monsieur l'aigle
Vous devez jouer
C'est votre rôle
Moi, le rossignol
J'ai déjà perdu
Dans la partie
Ne me regardez plus
Votre avis est inclus
Dans mes pensées !

Ô, monsieur l'aigle
Vous devez jouez
Car, moi
Je ne suis pas doué
Dans ce jeu-là
Le jeu du vol
Vers les rayons du soleil
Je ne suis qu'un rossignol
Qui sait chanter
Et rien d'autre !
Oui, et rien d'autre !

L’œil et la nuit

Corps nu
Vu par une fenêtre
Un œil l’observe
De loin
De très loin
Il bouge
Il danse
Il veut être aimé
Mais tout à coup
La lumière s’éteint
Le corps disparu
L’œil reste tout seul
Dans le noir
Sans aucun espoir
De retrouver
De revoir
Son amant
Perdu
Une autre fois !

La pomme d'amour

La fille du feu
Feu tout blanc
Ne veut pas dormir
Dans le cœur
De mon célèbre lit
Et fille, aussi,
D'océan tremblant
N'est pas le livre
Sacré
Le livre du ciel bleu
Dans lequel je peux
Lire les mots
De mes rêves….

Alors, dites-moi, copains
Où je peux trouver
La pomme d'amour
Pour que la mer révoltée
Vienne chez moi en riant
Pour que les oiseux écoutent
La musique des sables
Et la lune
Danse avec le soleil !
Pour que ma petite rose
Reste seule
Avec moi
Chaque week-end !

Femme de fantaisie

Oh !
La jeune femme
Des beaux jours
Pleine de joie et de fantaisie !
Écoute les cris de mon cœur
Qui t'appellent de si loin
Et viens chez moi,
Viens danser autour
De mes grandes vagues
Une danse de désir
Pour que je puisse dire
Que j'ai bien choisi
Ma maîtresse !
Une femme pleine de richesse
Et de fantaisie !
Une femme qui ressemble
À la belle Salomé !!!

La danse des pigeons

Écoute, ma petite fleur,
Celui qui plonge
Dans le sang de mon cœur
Est un ange
Qui vient de mes rêves
Qui vient de mes pensées
Qui veut être près de moi
Qui veut suivre mes pas
Qui aime danser
Dans cette vie
Avec plaisir et tant de joie !
Qui veut créer un choix
De paix et de tolérance
Qui veut que la danse
Des pigeons, soit réelle…

Alors ne dis rien
Et laisse-moi tranquille
Loin de ta jalousie
Pour que la vie
Devienne très belle
Pour que la vie
Devienne si facile
Et la pluie dit : oui
Et ne s'arrêtera plus
De tomber sur la terre
Comme l'autre fois !

Rendez-vous avec la mer

Tu n'habiteras, ô toi la mer
Que dans le cœur de la rose
Puis tu quitteras, à l'aube
Le seuil du rêve
Comme Adam
Lorsqu'il a quitté Ève !
Comme l'enfant perplexe
Et moi,
Même si je te dis aujourd'hui
D'aller sur le même chemin
Avec moi,
Le monstre, là-bas, me menace
Il veut que mon grand espoir.
Sur ses pieds se casse.

Mais, les vagues dans mon cœur
S'enflamment en parfum
Et mon sang défie le feu
J'aime malgré cela
Ce petit jeu !
Alors, prends sur la terre
De mon cœur ardent
Un tison plein d'eau
Puis avance comme un scaphandrier
Tu peux rencontrer ton âme
Et peut être
Ils pleurent pour ton voyage
Les yeux des filles de coquillage !

Château de Pourtalès

Dans l'avenir
Dans ce temps-là,
Je partirai comme
Une hirondelle
Je partirai avec ma belle
Ou sans elle
Vers d'autres réseaux
Vers d'autres terres et langues….
Je parlerai avec les oiseaux,
Avec les lys et les roses
Je chercherai à vivre
Des vies très longues
Pleines de belles choses
Qui ne se répètent pas.

Je ferai aussi, un pas
Vers les mots éternels
Pour créer un poème
D'amour et d'amitié
De paix et de tolérance
Dans un coin lointain
Dans un château
De la belle France,
Où vivent les pigeons
Tranquilles
Dans la plus belle des villes,
Qui s'appelle : Strasbourg,
Et je reviendrai après
Pour garder de près
Mes fleurs ici….

Le jaloux

Celui qui tue les idées
Libres …
Celui qui ouvre les portes
Des ténèbres …
Celui qui hait les mots
Celui qui hait les choses
Celui qui déteste le parfum
Des roses
Celui qui ne dit pas bonjour
Aux enfants perdus….

Celui qui ne joue pas pour
Le plaisir des suspendus
Celui qui met fin
Au oiseau du raisin
Celui qui dit non
À la folie de la raison
Celui qui pleure
Lorsque le ciel rie
Celui qui dit oui
Au tueur des fleurs
Celui qui ne danse pas
Même avec les loups
Est un jaloux……

La chanson magique

Un petit canard
Veut un jour
Chanter ....
Comme tous les canards
Mais le vieux renard
Veut le manger ....
Comme tous les renards
Quand le renard
Regarde le canard
Le deuxième commence
À chanter
Le premier qui représente
Le danger ...
Se tait ....
Puis il s’en va !

Le café des artistes

Il y a trois ans
Le café était là
Les tableaux des peintres
Les oiseaux de la mer
Étaient aussi
Et moi.
Aujourd'hui
Le café a disparu
Les tableaux des peintres
Les oiseaux de la mer
Ont disparu aussi
Et moi
Je suis resté seul
Avec la tristesse !

Le bar de don Quichotte

Au bar …
Les femmes sont pareilles
Une vielle chanteuse
Une jeune pute respectueuse
Quand même !
Et une simple folle
À part.
Au bar …
J'en ai marre
Car je suis toujours
Seul
Et ma bien-aimée
Est loin de moi …… !

L’hôtel de Casablanca

À l’hôtel
J’ai reçu un appel
Qui est venu
De loin :
« Oh, mon amour,
Je pense à toi
Chaque jour,
Je pense à toi
Mais en vain ! »
À cet hôtel même
Je suis devenu
Figurez-vous
Un célèbre écrivain !

Mode de vie

Une bière
Deux bières
Trois bières
Quatre bières
Cinq bières
Six bières
Sept bières
Et le monde
Change
Dans les yeux
D'un poète ivre !

Une ligne
Deux lignes
Trois lignes
Quatre lignes
Cinq lignes
Six lignes
Sept lignes
Et le poète
Écrit son propre
Livre !

Le cimetière de la famille

Au cimetière de ma famille
Il y a un grand arbre
Sous cet arbre
Il y a le tombeau de mon père
Une cage d'un oiseau perdu
Et un livre de Sartre
Oublié par moi-même
Dans un jour d'été …
À côté de ce tombeau
Il y a un autre tout petit
Celui de ma petite sœur !
Chaque vendredi
Je viens à cet endroit
Avec une forte foi
Et une tristesse au cœur !
Je pleure parfois
Et parfois,
J'écris des poèmes …

La tombe de Malika

Devant sa tombe
Nous étions douze
Écrivains
La lumière était avec
Nous,
Bien sûr ….
Et un rossignol
Qui venait de loin
Pour dire
Son dernier mot
Avant de partir
Vers d'autres coins
Vers d'autres lieux saints
Oh mes amis
Nous étions douze écrivains
Seulement …
Nous étions des orphelins
Sans paroles
Devant telle fin… !

Le suicide d'un singe lettré

Le petit singe
Le beau petit singe
Qui savait lire et écrire
Qui voulait embrasser,
En pleine nuit, le soleil
Qui était ambitieux,
Qui a tué en lui
Les filles du sommeil
S'est suicidé…
Il s'est suicidé
Devant les yeux
De la mer révoltée…

Car, ô mon lecteur,
Il n'a pas trouvé
La pomme sacrée
Il n'a pas trouvé
Le nom de la rose
Il n'a pas trouvé
Un simple travail
Lui, qui était un jour
Très ambitieux
Qui voulait embrasser,
En pleine nuit le soleil.
Ce pauvre singe
Qui savait lire et écrire
Nous a quittés ….

La fête des eaux

Silence les feux
Car aujourd'hui,
C'est la fête des eaux.
Le soleil brille de nouveau
La lune me regarde de loin
Avec un beau sourire
Et les oiseaux des paradis
Écrivent de la poésie !
Silence les feux
Car aujourd'hui,
C'est la fête des eaux

Mon cœur chante
À haute voix
Mes yeux embrassent
Les belles filles
De Casablanca
De Rome
De grenade
Tandis que mes pieds nus
Marchent sur la mer …!

Silence les feux
Car aujourd'hui,
C'est la fête des eaux
Le vent brûle le monstre
Les roses habitent
Mes tableaux
Et ma bien-aimée
Ne sera jamais contre
Mes pensées de bohémien …

Le sens des couleurs

Le bleu ,
C'est la mer de tes beaux yeux
Qui reflètent leur joie
Le rouge,
C'est le battement fort
De ton cœur envers moi
Le vert,
C'est l'arbre de tes merveilleux seins
Qui cherchent un oiseau sur le toit
Le blanc,
C'est le cheval de mon amour
Qui court avec toute force
Avec toute foi
Qui court depuis longtemps
Vers ta maison, vers toi …

Le noir,
C'est la nuit de la jalousie
Qui nous sépare parfois
Alors ,
Le secret de ces couleurs
Est nous, tous les deux
Corps et âmes
Homme et femme
Dans l'éternité ......

Le miroir du soi

Devant moi
Il y avait la mer...
Une tasse de café
Un verre rouge
Plein d'eau.
Un petit garçon
Qui joue au ballon…
Et un fantôme
Qui me ressemble
Ou peut-être c'est moi
Qui lui ressemble
Selon le témoignage
De quelques passants
Qui me paraissent
Suivant leurs âges
Des hommes sages …

Je ne suis pas sûr
J'étais en train de lire
Un roman d'amour
Tandis que lui
Il était en train
De voir une belle fille
Qui a voulu prendre
Le train …

Pourquoi cette même fille
M'a regardé
Avec un sourire ?
Et moi,
Même si j'étais en train
De lire
Je lui ai souris
Avec joie ! ?
Tandis que lui,
Il a disparu
Ce jour-là.
Comme un fantôme !

Le sourire de Mona Lisa

J'étais si fier
Devant mes amis
Les poètes
Et les artistes
Car en buvant seulement
Sept bières
Et une gorgé du vin blanc
Dans une soirée de rêve
J'ai vu que le mur
De ma petite chambre
S'est ouvert
Et que la Mona Lisa
Est sortie, en me souriant
Comme une déesse
De poésie !

Je n'étais pas surpris
Car j'ai connu bien
Leonardo De Vinci
Et ses jeux…
Il était toujours
Un grand peintre
De mystique
Qui aimait bien
Faire des farces
En envoyant
Chaque samedi
L'ombre de la Joconde
Aux vrais poètes
Comme moi
Pour les honorer !

La professeure d’anglais

Elle dépose sa petite
À la crèche !
Puis ensuite
Elle vient chez moi
En lançant une flèche
D’amour et de joie
Et puisqu’elle sait bien
Qu’elle me plait
Cette ravissante professeure
D’anglais
Cette ardente chaleur
Du sucre et de lait
Jamais,
Elle ne me donne
Son numéro de téléphone

Mais,
Elle laisse toujours
Derrière elle
Quand elle part
Une parole d'espoir
Qui fait tourner ma tête
Vers une île d'amour
Une île où mon cœur
Chante,
Comme une hirondelle… !

Love story

Amis
Je vous pose une question
Répondez- moi
Sans aucune hésitation :
Elle est professeure d'anglais
Moi,
Je suis professeur de français
Mais,
À chaque rencontre
Nous parlons la même langue
La langue universelle
De l'amour … !

Quand elle rentre
En classe
Mon cœur bouge
Quand je l'embrasse
Son visage
Devient rouge !
Elle est très fine
Comme une petite gamine
Elle est très belle
Comme un beau jour
Du printemps…

Quand je la serre
Contre ma poitrine
Elle pleure de joie
Quand je chante pour elle
L’amour devient, entre nous,
Une loi
Et les oiseaux,
De jalousie, se cachent
Pour mourir !

Amis
Est-ce que je l’aime
D’abord ?
Est ce qu’elle m’aime
Alors ?
À vous de me répondre !

Moi, l'amoureux

Pourquoi mon amie
Tu me quittes
Sans regret ?
Moi, qui t'aime
Trop,
Et tu viens toujours
Après …
En souriant
Pourquoi mon amie
Tu me quittes ?
Sans chagrin
En me laissant
Triste
Comme un orphelin !
Pourquoi mon amie
Tu as fait fin
À une belle vie ?
Pourquoi ?
Réponds-moi !

J'ai bien envie
De savoir tes raisons
Oui, j'ai bien envie
De savoir tes raisons
Car si tu ne me réponds pas
Aujourd'hui !
Je risque de perdre la raison
Oui…
Je risque de la perdre
Et tu comprendras alors
Dans un jour
Que je t'ai aimé très fort
Mais moi je serai à cet instant
Déjà mort !!!

Le visage de la rose

Écoute ....
Écoute Maud
Chaque soir
Même si je ne veux pas
Je vois ton beau visage
Dans mon miroir
Me regarder en souriant
En m'appelant vers lui !
Que dois-je faire alors ?
Est-ce que je peux répondre
À son appel par oui
D'abord ?
Est-ce que je peux le revoir
Une autre fois ?

Ton beau visage
Me répond,
Avec sa voix calme
Et très sage :
Oui, avec amour et joie
Tu peux me revoir
Mais seulement
Dans ton miroir
Car Maud, ta bien-aimée,
Ne veut pas
Que tu me voies en réalité

Car ta Maud
D’aujourd’hui,
Ne peut pas dire oui
À ton amour fou !
Et dépasse,
Comme d'habitude,
Toutes les normes
Toutes les coutumes !
Comme avant.
Car le vent
De ton amour
Est déjà mort
Oui,
Est déjà mort….

Invitation au voyage

Oh Dragica
Si tu veux un jour
Visiter Africa
Appelle-moi
Je serai à mon tour
Près de toi
Comme les oiseaux
Du paradis
Pour que ton rêve
Se réalise !

Viens, alors, me rejoindre
Pour que tu saches
Que je t'aime beaucoup
Car depuis le premier coup
De tes beaux yeux
Je suis déjà tombé
De mes cieux bleus
Comme un petit oiseau
Qui ne sait pas voler !
Je suis déjà tombé
Dans ton amour !

La petite colombe

Dragica
Une superbe musica
Qui éclate dans les cœurs
Des poètes !
Une petite fleur
Qui habite les châteaux
Des beaux rêves
Une belle Ève
Qui fuit toujours
Sans laisser aucune trace
Car sa vraie place
C'est dans les jardins
Célestes ….

Dragica
Une petite colombe
Qui chante bien
Mais qui ne tombe
Jamais
Même, dans les bras
De celui qui l'aime
Dragica
La belle fille du printemps
Réponds-moi alors
Je suis le fils d'Africa
Le beau voyageur
De tous les temps !
Dragica
Dragica
Dragica
Réponds-moi !

Les étoiles de l'amour

Dans les nuits sacrées
Où la bougie est pleine
D'espoir….
Shéhérazade raconte
À ses enfants
En pleine nuit,
Que nous nous sommes rencontrés
Dans un café, un certain soir
Tu étais le vin blanc qui s'écoule
Sur le sang de mon dragon noir
Tu étais l'étoile magique
Qui déchire le voile tragique
Pour laisser le petit oiseau
De mon cœur, se lève tôt…

Et moi,
Don Juan des flammes
Depuis longtemps
J'ai quitté toutes les femmes
Pour te rejoindre là-bas
Dans les terres des beaux-arts
Dans les cieux des combats
Viens alors, dans mes bras
Pour signer le contrat
D'un amour Orphique
D'une fleur du bien
Avec les orphelins
De mon âme…

Ô toi, la plus belle dame
Du bon quartier
Crie dans le monde entier
Comme la parole ardente
Inscrite dans mes anciens livres
Pour le triomphe
De tous les poètes
Qui gardent notre amour
Brûlant, sans masque
Contre la bourrasque
De la mer sauvage
Et ses vagues ivres … !

Déclaration d'honneur

Ô mon étoile bohémienne
Qui danse dans le ciel
De mes poèmes
Sans qu'elle tombe
Dans mes saints bras
Est-ce que tu sais ?
Que Sindbad le marin
Va me quitter, dès ce matin
Pour aller chercher dans les mers
De notre soleil,
Comme les oiseaux aventuriers,
Le vin sacré qui guérit le sommeil
Qui habite en toi…

Alors ne brûle pas
Rome de mon âme
Devant les yeux de ton Néron
Ne me donne pas
Un blâme
Je suis ton vrai gérant
D'amour et d'amitié
Alors chantons- nous ensemble
La pluie amoureuse sera pour toi
Une belle amie
Et moi, je déclare
Ma pénitence à la rose
Avant que le jour se lève !

Cadeau amitié

Christelle
Je t'offre pour
Notre amitié
Durable…
Une petite fleur
Très belle
Comme toi… !
Je t'offre un cartable
Plein des cahiers d'amour
Et de joie
Je t'offre un cœur
Qui bat pour le triomphe
Des poètes du monde entier… !

Portrait d'une femme

Hélène
Une fille d'or
Qui offre son âme
Pour un simple mot
Mais qui résiste
Contre le mal des autres !
Hélène
C'est ma petite fleur
C'est la dynamo
De mon cœur
C'est aussi
Une flamme de la liberté
Oui,
Une flamme de la liberté !

Avec l'œil du cœur

Oh ma petite jolie
Médecin !
Quand j'ai vu
Tes beaux seins !
Moi le poète
Le plus gentil du monde
Je suis tombé immédiatement
Contre le visage de la terre
Ronde !
Alors, ne m'ordonne rien
Je veux tout simplement,
Les revoir
Même de loin
Pour que je guérisse
Facilement
Pour que je guérisse
Bien !

La rose du chagrin

Que la lune blanche
Soit ton amie fidèle
Toi, la rose qui marche
Sur la terre de mes sentiments
Qui marche sans qu'elle
Me dit : un mot
Dis-moi, alors :
Pour qu'elle raison
Tu me trahies ?
Et tu sais bien
Que la maison
Des pigeons sages
Est construite
Sur les rivages
De mon cœur !

Je sais bien que
Les oiseaux t'embrassent
Chaque matin
Et malgré mon chagrin
Et ma grande jalousie
Je tue mes colères en moi
Et je pleure de joie
Et je ne s'arrête jamais
Jamais de t'aimer
Ô toi, ma petite rose
Des feux et des eaux … !

L’écrivain

Il était ainsi …
Un marcheur de silence
Merveilleux
Écrit les récits
Et efface de ses yeux
Le brouillard des jours
Il était ainsi…
Un voyant de loin
Voit le soleil toujours
Venant après chaque nuage
Et rit en pleine joie
Et ne dort qu'après le matin !
Il était ainsi …
Un homme simple
Très profond
Il ne s'ennuie de personne
Ne fait du mal à personne

Il était ainsi …
Écrit au café
Et ses bons moments
Étaient dans ce coin-là
Et s'il a la passion
D'un temps passé
Il écrit une nouvelle
Avec une grande nostalgie
Il était ainsi …
Aucune jalousie
Vers les autres
Un grand homme
Un grand océan
Sans rivages
Il était ainsi …
Un géant de vrai
En écrivant des récits
En publiant des histoires
En mourant très haut….

L’homme de lettres

Ma bien-aimée
L’eau l’embrasse
Devant les yeux des sables !
Puis, elle commence
À chanter !
Tandis que moi,
Son vrai amoureux
L’homme des lettres
Et des fables
Tout ce que je pense
C’est de planter
Un arbre !
De tristesse, de chagrin !
Et d’aller loin
Tel un vrai Orphée
Pour prendre soin
De moi-même

L'oiseau de la parole

Chaque printemps
À la même heure
Un oiseau vient me voir
Pour me dire :
Bonjour poète !
Pour me faire rire
Quelque fois
Pour me faire pleurer
Parfois
Pour éclairer mon cœur
Souvent
Pour laisser le vent
De l'amour
Rester chez- moi
Quelques jours !

Pour me souffler
Une parole
Franche et libre
Une parole qui m'aide
À bien vivre
Une parole de fierté
Et de joie
Une parole de foi
Et d'orgueil !
Chaque printemps
À la même heure
Un oiseau vient me voir
Pour m'inviter aussi
À passer un beau temps
Dans la terre des mots … !

Les feuilles de l'impossible

Enlève ta chemise diaphane
Et prends-les habilles du renfort
L'envie est un allumage
Mais très fort !
Enlève ta chemise cristalline
El laisse à part le pucelage
Et viens à côté de moi
Pour préparer en silence
Les feuilles de l'impossible
Enlève ta chemise limpide
Déchire ta couverture
Je veux, mon amour,
Voir la beauté pure
De tes beaux seins !
Enlève ta chemise transparente
Écris un poème d'amour
La modernité est l'embrassade
Des pures questions !
Enlève ta chemise réelle ….
Et viens au sein de mes rêves !

Un poète au night-club

Tout seul, était le poète
Ce samedi soir là,
Au night-club de Casablanca !
La maladie venait de le quitter
Tant mieux pour lui !
Ses recueils de poésie
Étaient tous vendus
Tant mieux pour lui !
Mais sa belle maîtresse
Était gravement malade
Tant pis, cette fois,
Pour lui … !

Tout seul, était le poète
Ce samedi soir là !
Il ne regardait rien
Ni la danseuse toute nue
Ni la chanteuse sans voix
Ni même les verres rouges
De la joie
Qui étaient posés sur sa table
Il était tellement triste
Tel un vrai artiste
Car la poésie lui a quitté
Pour toujours !

Invitation à l'amour

Laissez-moi mon amour
Dormir près de toi !
Laissez-moi approcher
De tes secrets avec joie
Laissez-moi embrasser
La beauté éclatante
De tes jolis seins
Avec douceur
Laissez-moi enlevez
Doucement tes habits
Laissez-moi entrer
Dans votre corps
Tel un serpent magique
Laissez-moi devenir
Ton amant
Ton ami
Et ton poète !
Laissez-moi vivre
Près de toi,
Avec tous mes poèmes !

Mille et un poètes

Mille et un poètes
Sont assis joyeux
À une table ronde
Sous un arbre magique
Mille et un poètes
Comme nous
Sont assis au cœur
Du monde
Pour qu'il soit plus beau
Plus magnifique
Pour que son âme
Soit plus profonde ….

Mille et un poètes
Écrivent chaque jour
Des poèmes
Et regardent l'océan
Avec beaucoup d'amour
D'amitié, et de jouissance
Mille et un poètes
Voyagent par l'imaginaire
Vers d'autres terres
Vers d'autres cieux
En plantant des fleurs
Et des roses
En chantant la paix
L'amitié, et la tolérance
Mille et un poètes
Comme nous
Habitent avec joie
Dans le cœur
De chacun de nous
Toi et moi
Et même dans les cœurs
De tous les autres … !

Le livre de Sapho

Sapho !
Ton recueil de poèmes
Est plein de lunes
Plein de soleils
Ton recueil
Est un livre magique
Qui guérit les passions
Qui laisse une trace
De joie
Qui fait rêver les gens

Ton recueil de poèmes
Est une forêt
Pleine de vie
Une terre de tolérance
Et d'amour
Un ciel plein des étoiles
Qui brillent
Chaque jour
Pour éclairer les cœurs
De tous les poètes
Pour fêter la poésie
D'hier, d'aujourd'hui
Et de demain… !

Le serpent

Le serpent regarde
Dans le miroir
Le miroir est une fille
Une rivière de joie
Et un livre noir
Qui n'a pas de feuilles
Mais qui tue !
Le serpent regarde
Dans le miroir
Le miroir s'ouvre
Le serpent n'entre pas
Mais il se métamorphose
En une petite rose
D'amour et d'espoir… !

Ce n'est pas la mer à boire

Ce n'est pas la mer
À boire !
Ce n'est pas le diable
À voir !
Ce n'est pas l'impossible
À franchir ses portes
Ce n'est pas
Une chose terrible
Qui va nous faire peur
C'est simplement
Une étrange enfant
Une étrange fleur
Qui a parait soudain
Dans notre quartier
Lointain
Et qui a parlé avec nous

En anglais, en français
Et même en arabe,
Qui a parlé avec nous
Avec un langage universel
Un langage du monde entier
Qui a pu dépasser les limites
De tous nos esprits !
En marchant en souriant
Dans les rues,
Dans les boulevards
Et en demandant à haute voix
Avec sincérité, avec foi
Une belle vie
À tous les pigeons !
Une belle vie
À tous les rossignols !

Visions du monde

Oh mes amis
Oh mes lecteurs
Quelle étrange chose
Quand je regarde le ciel
J'écris de la poésie
Et quand je regarde la terre
J'écris de la prose
Mais quand je regarde
L'entre-deux
Je garde
Le silence !

Tables des matières

Printed by Books on Demand GmbH, Norderstedt / Germany